QUELQUES RÉFLEXIONS

SUR

L'ART THÉÂTRAL,

sur les Causes de sa Décadence, et sur les Moyens à employer pour ramener la Scène Française à son ancienne splendeur,

QUATRIÈME ÉDITION,

augmentée d'un projet de comité de Lecture dramatique, et d'un Aperçu sur le commencement des Théâtres des différentes nations qui ont cultivé et qui cultivent encore l'Art dramatique et l'Art théâtral, et sur l'état actuel de la Scène française;

PAR RICORD AÎNÉ.

PARIS,

À BUREAU DU JOURNAL LE BON FRANÇAIS,
RUE TICQUETONNE, N°. 17;

PETIT, LIBRAIRE DE LL. AA. RR., PALAIS ROYAL,
Galerie de bois, n°. 257.

~~~~

1818.

A SON EXCELLENCE

MONSEIGNEUR LE COMTE LAINÉ,

MINISTRE SECRÉTAIRE D'ÉTAT AU DÉPARTEMENT
DE L'INTÉRIEUR.

MONSEIGNEUR,

L'APPROBATION que mon projet d'école scénique obtint lorsque je le publiai pour la première fois; l'opinion favorable que des hommes de lettres d'un mérite distingué consignèrent dans les journaux du temps, et le succès des diverses éditions de ce petit ouvrage paraissant en démontrer l'utilité, m'inspirent la confiance de le reproduire sous vos salutaires auspices; et la puissante protection que Votre Excellence accorde aux sciences, aux lettres et aux arts, sera son nouveau titre de recommandation.

C'est moins à votre autorité, Monseigneur, qu'à vos profondes lumières et à la délicatesse de votre goût, que j'ose soumettre un projet dont l'exécution est aussi facile que le résultat promet d'en être fructueux, et depuis très - longtemps, Monseigneur; je sais que l'on est certain de fixer l'attention de Votre Excellence, par l'utilité de l'objet soumis à son examen.

Je suis, avec un profond respect, de Votre Excellence,

MONSEIGNEUR,

Le très-humble et très-obéissant serviteur,

RICORD AÎNÉ,

Ancien officier supérieur.

APERÇU

*Sur le commencement des théâtres des diffé-
rentes nations qui ont cultivé et cultivent
encore l'Art dramatique et l'Art théâtral, et
sur l'état actuel de la Scène française.*

———————

Je ne crois pas inutile de jeter un coup-d'œil
très-rapide sur le commencement des théâtres des
différentes nations qui ont cultivé et cultivent encore l'art dramatique et l'art théâtral, pour faire
apprécier dans quel cahos étaient encore l'empire
de Thalie et celui de Melpomène, lorsque le grand
Corneille parut pour les régulariser et les couvrir
de gloire, et de présenter ensuite un tableau suc-
cinct et fidèle, de la véritable situation de la
comédie en France.

Le traité de la poésie dramatique ancienne et
moderne de M. Racine, fils du célèbre tragique,
est très-instructif, et contient des recherches
très-savantes et des anecdotes fort curieuses sur
cette matière.

Cet auteur nous apprend que les Péruviens
composaient et faisaient représenter des tragé-

dies et des comédies. Tavernier prétend que les Tunquinois étaient très-zélés pour le culte de Thalie. Leurs comédies commençaient au coucher du soleil, et leurs représentations se prolongeaient jusqu'au lever de cet astre. Il est bien certain que les Tunquinois ne connaissaient point les règles dramatiques données par Aristote, et la raison seule leur avait appris qu'une action théâtrale, pour être vraisemblable et régulière, ne devait pas durer plus d'un jour.

Le jésuite Charlevoix dit que les pièces de théâtre des Japonais sont comme les nôtres, divisées en actes et en scènes, et qu'elles sont précédées d'un prologue qui en indique le sujet; mais qu'ils écartent, autant que la chose est possible, et du prologue et des premiers actes de la pièce, tout ce qui pourrait en faire deviner le dénouement, afin que le spectateur en soit étonné.

Les Chinois composent des comédies et des tragédies, dont la représentation dure jusqu'à douze jours sans interruption. L'on peut bien croire que les acteurs, ainsi que les spectateurs, s'absentent de temps en temps pour aller prendre leurs repas et du repos. Les peuples voisins de la Chine font le plus grand cas du théâtre chinois. L'abbé de Choisi raconte qu'il a vu à Siam, dans une fête donnée à l'ambassadeur de France, jouer une tragédie chinoise par des acteurs de cette nation, et qui fut suivie d'une comédie chinoise.

Les mystères de la religion furent les premiers sujetsque l'on produisit sur les théâtres des diverses nations de l'Europe. Les auteurs espagnols se firent d'abord remarquer par une abondance stérile. Lopez de Véga mérita le nom de miracle de la puissance divine, par sa prodigieuse fécondité; elle était si extraordinaire, qu'il composait une pièce dans un seul jour. Racine ajoute que celui qui lirait tous les ouvrages de Lopès de Véga, serait un miracle de patience. Solis et Caldéron lui succédèrent; Caldéron fit des comédies dans lesquelles on voit parmi les personnages, le baptême, l'eucharistie, l'extrême-onction, le judaïsme, l'athéisme, la loi naturelle, et qu'on appelait *autos sacramentales.*

Au milieu de ce désordre, le théâtre espagnol offrit des ouvrages où l'on trouvait des beautés confondues ou plutôt noyées dans un ensemble de niaiseries et de trivialités. Plusieurs de nos poètes n'ont pas dédaigné de s'emparer de ces beautés et d'en embellir la scène française. Le grand Corneille lui-même, mais plus particulièrement son frère Thomas Corneille, en ont profité, et ce dernier doit plusieurs de ses comédies

1 *

au théâtre espagnol. Inès de Castro, ouvrage très-médiocre, mais rempli d'intérêt, n'est qu'une imitation d'une pièce composée en 1577, par un religieux dominicain espagnol, qui lui donna le titre de la *Nisa lastimosa*.

Les comédies italiennes se faisaient remarquer par leur indécence et leur impiété, ce qui cependant n'empêchait pas les papes d'y assister. Racine attribue le peu de succès de la tragédie et de la comédie en Italie, et même leur décadence, à l'invention de l'opéra, et l'expérience a prouvé que Racine avait raison.

C'est Shakespear, fondateur de la scène anglaise, que ses compatriotes mettent sans façon, aussi bien que sans raison, au-dessus de Corneille, qui a accoutumé sa nation à voir le spectacle le plus ridicule à côté du spectacle le plus imposant. On rencontre dans ses pièces des situations déchirantes, des traits sublimes; mais on y voit aussi des meurtres, des têtes coupées, des sièges de villes, des saccagemens de communautés religieuses, des maris égorgeant leurs femmes, des patiens, accompagnés de leurs confesseurs, conduits à l'échafaud, des cimetières, des têtes de morts, des fantômes, des enterremens, etc., et des trivialités dignes des tréteaux.

La Hollande doit son théâtre à Hoof et à Vondel. Ces deux écrivains se livrèrent sans retenue au goût anglais , et composèrent des pièces mons- trueuses. Les Hollandais se lassèrent bientôt d'un genre si opposé à la sagesse de leur esprit et à la prudence de leur caractère, et ils enrichirent leur scène en traduisant la plupart des pièces de nos grands poètes. '

L'art dramatique et l'art théatral s'introdui-si- rent beaucoup plus tard en Allemagne; et il n'y a pas même un siècle qu'on voyait encore repré- senter la passion de Jésus-Christ sur le théâtre de Vienne. Les personnages de ce drame étaient Adam , Ève, Moyse et l'Enfant Jésus, à qui l'on faisait manger de la bouillie. La scène Germani- que imita d'abord le genre anglais ; mais elle a produit ensuite des pièces estimables ; et à l'exemple des Hollandais , les Allemans ont trans- mis sur leurs théâtres un grand nombre de nos chef-d'œuvres dramatiques.

La première tragédie qu'on représenta dans la capitale de la Suède, avait aussi pour titre la passion de Notre Sauveur Jésus-Christ. L'acteur qui jouait le personnage de Longin entra telle- ment dans l'action de son rôle, qu'il donna un coup de lance si terrible à celui qui représentait Jésus-Christ sur la croix, que celui-ci expira sur le champ. Le souverain de la Suède qui assistait

à cette représentation , et qui aimait beaucoup
cet acteur, se mit dans une fureur si grande,
qu'il monta sur le théâtre le sabre à la main , et
abattit d'un seul coup la tête du malheureux
Longin.

C'est au baron de Holberg que la scène danoise
doit sa création. Cet écrivain a composé vingt-six
comédies , et ses compatriotes en font le plus
grand cas. Il est à remarquer que les Danois n'ai-
ment pas la tragédie , et que pendant long-temps,
même après l'introduction de l'art dramatique
chez eux, ils n'ont eu que quelques scènes du
Cid, traduites par M. Rostguard, poète recommandable et très-estimé de sa nation.

La Russie était encore un pays ignoré, que
l'art dramatique et l'art théâtral avaient fait de
grands progrès dans toute l'Europe; mais cette
nation s'est annoncée d'une manière distinguée
dans la carrière des sciences et des arts; et l'on
peut dire avec justice que les premiers ouvrages
dramatiques qu'elle a produits n'offrent pas autant de défectuosités qu'en présentèrent à leur
naissance les théâtres espagnol, anglais et alle-
mand. La tragédie de Soumerakof, l'un des fon-
dateurs de la scène russe, qui a pour titre Dé-
métrius, en est une preuve frappante.

C'est sous le règne de Henri II que Jodelle fit

représenter Cléopâtre et Didon, qui sont les premières tragédies après celles des saints mystères, qui aient été jouées en France. Garnier fut son rival, et donna au théâtre un drame qui avait pour titre : la Captivité de Babylone. Hardi vint après ; et on ne peut comparer sa fécondité qu'à celle de l'Espagnol, Lopez de Véga ; car l'on fait monter le nombre des pièces de théâtre qu'il composa, jusqu'à huit cents. Mairet fit paraître Sophonibe (tragédie), sept années avant le Cid. On doit lire cet ouvrage, si l'on veut apprécier à quel degré de supériorité s'éleva le génie de Corneille au milieu des ténèbres qui entouraient l'art dramatique, lorsque ce grand homme produisit son premier chef-d'œuvre sur la scène française.

D'après le léger aperçu que je viens de tracer de l'enfance de la tragédie et de la comédie en Europe, et en comparant les pièces que les Espagnols, les Italiens et les Anglais avaient mises au jour à cette époque, avec le Cid et le Menteur (comédie), on sera forcé de reconnaître que non-seulement Corneille a été le père de la tragédie moderne, mais encore qu'il a été celui de la comédie. Réunion de talens, efforts de génie, dont les anciens n'offrent aucun exemple.

Le dix-septième siècle consacra la gloire littéraire de l'Europe, et particulièrement celle de la France. L'éloquence, l'histoire, les beaux-arts furent portés à leur plus haut degré de grandeur.

Le dix-huitième siècle maintint l'éclat de celui qui l'avait précédé ; mais la littérature ne conserva point cette dignité qu'elle avait d'abord montrée.

Voltaire qui s'était annoncé par sa première tragédie (OEdipe) comme devant remplacer Corneille, Racine et Crébillon ; Voltaire dis-je, enrichit la scène de plusieurs chef-d'œuvres dignes de ces grands hommes, vit la décadence de l'art dramatique et y contribua lui-même. Nombre de pièces de théâtre eurent des succès sur les diverses scènes de l'Europe, sur la fin du règne littéraire du vieillard de Ferney ; mais ces productions ne portaient plus l'empreinte du génie qui avait dicté celles de Corneille, Molière, Racine et Crébillon ; et même le plus grand nombre de celles de Voltaire en France ; celles de Dryden, Oswai, Adisson en Angleterre ; celles de Metastassio et Maffey en Italie ; celles de Lopès, Calderon, en Espagne, etc.

Le genre larmoyant s'introduisit partout, après que Marivaux et Lachaussée eurent transformé Thalie en bel esprit pointilleux et en prude ambitieuse, et que celui de Sémiramis et d'Olim-

pie eut signalé le déclin de la littérature théâtrale en France, relativement à la tragédie.

Les disciples de Voltaire, parmi lesquels l'on
distingue Laharpe, Marmontel, Lemierre et
Dubeloy, ne purent produire une tragédie, si l'on
excepte Warwik, qui égala, non les chef-d'œuvres de l'auteur d'Alzire, mais Sémiramis et
Olimpie même.

Les successeurs de Marivaux, Imbert, Dorat,
Dumontier, Barthe, restèrent au-dessous de leur
modèle. Ceux de Lachaussée ne furent pas plus
heureux; et depuis l'auteur de la Brouette du
vinaigrier et de l'Habitant de la Guadeloupe, jus-
ques à Pixéricourt, le plus mince d'entre eux et
le premier des *mélodramaturges*, la décadence
a fait des progrès aussi rapides qu'alarmans.

Le mélodrame est le genre de spectacle le plus
pernicieux pour l'art dramatique, pour l'art
théâtral et pour le peuple. Si l'on ne peut l'ex-
clure du théâtre, il est indispensable de ne pas
en faire l'apanage d'auteurs (à quelques excep-
tions près), qui, sans expérience de la scène,
sans instruction, ignorant même les premiers
principes de la langue qu'ils ont la prétention
d'écrire, n'offrent dans leurs monstrueuses productions que des tableaux d'assassinats, de tra-
hisons, propres à altérer le respect que l'on doit

aux plus grands personnages de la terre, et à déconsidérer aux yeux de la multitude, la classe de laquelle elle attend l'exemple de l'obéissance envers l'autorité, et celui des vertus domestiques et sociales. Pourquoi ne pas supprimer de ces pièces qui semblent toutes avoir été fondues dans le même moule, ces sentences philosophiquement triviales, et qui ne sont bonnes qu'à entretenir cet esprit de vertige qui avait naguère égaré des hommes qui doivent leur temps, leurs travaux, leurs sueurs à leurs familles, au point de leur faire quitter leurs ateliers, abandonner leurs magasins pour s'entretenir à leur manière, de littérature, de politique, et même de législation. Ah! que le théâtre ne soit plus, pour cette classe intéressante de la société, un double mal, par la perte de son temps et par celle de ses mœurs.

C'est en leur donnant le goût des plaisirs honnêtes, que l'homme de peine, l'ouvrier, l'artisan, reporteront dans leurs foyers des exemples profitables et des leçons de modération. La classe qui abonde aux spectacles des boulevards, goûterait bientôt la bonne comédie, si on avait l'art de l'y attirer et de frapper son imagination par des sujets à la portée de son esprit et de sa raison.

Mais nous allons nous retrouver bientôt au même point de barbarie d'où nous sommes partis ; et les Français reverront les saints mystères sur la scène, si l'autorité n'arrête cette imprudente et impolitique profanation.

Il est inconvenant d'offrir aux regards et à l'imagination des spectateurs qui pour la plupart, sont plus frivoles que religieux, des actions au-dessus de l'intelligence humaine faites pour être honorées dans le temple du Seigneur, et non pour être représentées par des acteurs, et surtout par des actrices, qui, malgré tout le talent des poètes ne sauraient produire la plus légère illusion, lorsqu'il s'agira de les prendre pour des saintes. La décision du premier concile de Milan, qui défendait de traduire sur le théâtre, la vie et le martyr des saints, était dictée par la sagesse même ; et la prudence et la morale réclament qu'elle soit méditée et prise en grande considération par l'autorité. (1)

« Temeritatem illam reprimere volens quà ad profana quæque convertuntur et torquentur verba et sententiæ sacræ scripturæ ad scurilia scilicet, fabulosâ, vana, et mandat et præcipit ad tollendam hujusmodi irreverentiam et contemptum, ne de cœtero quispiam quomodolibet verba scripturæ sacræ ad hæc et similia audeat usurpare, et omnes hujusmodi homines temeratores et violatores verbi Dei juris et arbitrii pœnis per Episcopos coerceantur. *Concil. tridens.* »

Toute idée de fanatisme, tout esprit de parti, n'entrent pour rien dans cette manière de voir, qui est dégagée de tout sentiment étranger à la tranquillité qui peut seule assurer notre bonheur à venir.

Ce n'est point chez les théologiens ennemis déclarés des spectacles que je me bornerai à chercher des autorités en ma faveur ; des personnages prévenus pourraient fort bien les récuser ; mais je vais leur présenter l'opinion d'un poète dramatique cher à Thalie et à Melpomène par deux productions dont le mérite imminent le range parmi les grands maîtres de la scène française. Voici ce que dit l'auteur de la tragédie *de Didon* et de la comédie des *adieux de Mars* : » on vient de jouer *Polieucte* ; le théâtre change, on joue *l'école des maris* ; en est-ce une d'amour conjugal ? et cette satire du mariage acheverait-elle les beaux sentimens que la vertu de Pauline avait commencé d'inspirer ? On vient de représenter *Athalie* : j'ai vu ; la maison du Seigneur, les livres de la loi, les cérémonies du sacre des rois de Juda ; j'ai la tête remplie de nouvelles prophéties, des grandeurs et de la puissance de Dieu ; tout cela m'a pénétré d'une terreur religieuse et d'un respect profond pour le roi des rois. Les violons

jouent, *Georges Dandin* paraît, et dans le lieu même où était le temple de Jérusalem ; je vois le rendez-vous nocturne d'un jeune homme avec une
jeune mariée..... je voudrais savoir si les effets
de ces différens contrastes peuvent jamais tour-
ner au profit de la religion et des mœurs. »

Si M. Lefranc de Pompignan , fait un pareil
tableau du danger qu'il y a pour les mœurs de
produire des sujets sacrés sur le théâtre français , combien les traits de ses pinceaux seraient plus animés s'il avait vu traduire *Abra-
ham*, *Daniel* et *les Macchabées*, sur les scan-
daleux théâtres des boulevards , et même sur
les misérables tréteaux de Bobêche.

Si un pas de plus dans la carrière de la licence et du mauvais goût replonge l'art dramatique dans la barbarie d'ou le retirèrent Corneille , Molière etc. , il sera facile de démontrer que l'art théâtral se trouve dans la même
position, et qu'il suit la marche rétrograde de la
littérature théâtrale.

D'après ce que je viens d'exposer l'on pourrait
supposer , que semblable au cours de la vie humaine , celui des arts a ses périodes, et que lorsqu'ils touchent à leur décrépitude , ils redevien-
nent ce qu'ils étaient dans leur enfance.

A l'époque de la création de l'art théâtral en

France , les comédiens adoptèrent la déclamation chantante ; et cela devait être. L'on ne connaissait alors d'autres règles , sur la manière de dire les vers , que celles qui nous avaient été transmises par les anciens , et l'on a dû commencer par les imiter.

Les Grecs notaient leurs rôles , ainsi que les Romains ; et Gracchus avait toujours un joueur de flûte derrière lui , qui lui donnait le ton, lorsqu'il parlait dans la tribune aux harangues ; ce qui prouve que l'éloquence et la déclamation étaient bien différentes chez les anciens que chez les modernes.

La grandeur de leur salle , le genre de leur spectacle , les masques dont se servaient les Comédiens pour que le spectateur , éloigné du lieu de la scène , pût distinguer l'expression que l'acteur devait donner à son visage , sont autant de causes de cette différence.

C'est sans doute d'après ces considérations que l'abbé de Condillac prétend que les Grecs et les Romains chantaient leurs rôles.

Baron fut le premier comédien qui sentit et apprécia l'inconvenance de la déclamation chantante , et qui parla la tragédie. Lanoue récitait ses rôles très-naturellement ; et Dufresne , doué d'une grande chaleur , disait les vers d'une manière emphatique , et criait beaucoup trop.

Lekain les déclamait quand il entra dans
la carrière dramatique ; il les récita ensuite ,
et finit par parler le dialogue , qu'il embellissait
par une diction noble et pure.

Larive , doué d'un beau physique , d'un organe sonore , harmonieux et flexible , sacrifiait
souvent la vérité à la vanité de faire briller les
dons que la nature lui avait prodigué , et il a
été plus éblouissant que profond : il déclamait
ses rôles , les récitait quelquefois ; mais il ne
les parlait jamais.

Talma, plus profond que brillant , a voulu se
créer un genre de diction particulier, et il a tout
confondu. Sa déclamation est emphatique, sa récitation est sombre , sa manière de parler les
vers, familière ; et cela forme un tout monotone
et fatiguant pour le spectateur. Il ne faut point
chercher ailleurs la source de cette nouvelle méthode , adoptée par presque tous les acteurs de
la comédie française , de couper les vers hémistiche par hémistiche , et les hémistiches mot
par mot , ce qui revient à peu-près à la note
des anciens.

Je ne parle ici que de la diction de Talma,
dont les imperfections sont le résultat de son

organe aride , et non de son intelligence qui est
profonde. Cet acteur a des défauts graves sans
doute , mais il possède la plupart des belles et
précieuses qualités qui constituent le grand
acteur.

L'on aurait tort d'induire de ce que je viens
de dire, que je lui refuse la supériorité qui le
distingue et le place au rang des tragédiens célèbres qui ont illustré la scène française. Il a
d'autant plus de mérite qu'il a vaincu de grandes
difficultés que la nature avait opposées au déve-
loppement de son talent ; et Talma a prouvé
les avantages que l'on peut obtenir des ressources
de l'art et d'une connaissance approfondie de la
scène et du cœur humain ; mais il s'est ouvert
une carrière que lui seul peut parcourir avec
succès , et dans laquelle tous ceux qui auront
la témérité de vouloir le suivre s'égareront......
après Talma , Lafond pourra porter le sceptre
tragique avec succès, mais avec moins d'éclat
et moins de gloire quoiqu'avec autant de confiance.

La diction du second tragédien du théâtre
français , n'est point encore dégagée d'un vice
qu'elle avait contracté en province et qui est
commun à tous les acteurs qui jouent la comédie
dans les départemens. Ce vice est devenu habi-

tuel aux mélodramistes des boulevards de même
qu'à MM. les sociétaires et pensionnaires du théâtre de la rue de Richelieu, qui comme les comédiens de province veulent forcer les applaudissemens du public trop souvent entraîné dans le
piége que lui tend un acteur ambitieux, et plus
jaloux d'être applaudi que de mériter de l'être.
Cette façon de dire consiste à réciter un couplet
avec force, à presser son débit un peu avant
d'arriver au vers marqué, pour obtenir l'effet
qu'on se propose ; à s'arrêter, et, par une
transition bien prononcée de la voix et du geste,
jetter le vers de prédilection d'une manière
saillante en regardant le public ; et l'on appelle
cela, parmi les comédiens des départemens, et
probablement parmi ceux de Paris, maintenant,
donner *le coup de fouet....* bien souvent, l'acteur en est pour ses frais, et il demeure en face
du parterre, bouche béante et dans une atti-
tude qui ne saurait convenir qu'à un danseur qui
fait une pirouette.

Thalie n'est pas plus riche en desservants
que sa tragique sœur, et comme elle, cependant, elle a eu des favoris qui ont été
célèbres. *Grandval*, qui jouait les premiers
rôles dans la comédie, jouit encore d'une
grande réputation ; on cite la beauté de son

2

physique, l'aisance de son maintien, la noblesse de sa diction et la vérité de son talent.
Bellecourt qui succéda à *Grandval* était aussi
comblé des dons de la nature; il avait un
port majestueux, une figure distinguée, une
tournure aisée , mais peut-être moins d'ame
que son prédécesseur. *Monvel* qu'on ne doit
point oublier en rappelant les grands comédiens, avait un phisique frèle, mais la nature
l'avait doué d'une ame brûlante; sa diction
était savante et pure, son jeu large et simple
et ses attitudes aisées et toujours convenables
au personnage qu'il représentait. Il était aussi
cher à *Thalie* qu'à *Melpomène* , et jamais
personne n'a possédé à un plus haut degré ce
foyer de sensibilité sans lequel la comédie n'est
plus un art. C'est sans doute cette pré-
cieuse qualité qui avait fait dire au spirituel
Champfort, que *Larive* dont le phisique était
superbe , mais l'ame peu sensible , aurait
dû avaler *Monvel* pour être un acteur parfait.
Molé, bien fait de sa personne, avait plus
de grace que de noblesse; mais il a été l'acteur
le plus entraînant qui ait paru sur le théâtre
français; son ame était de feu; elle s'emparait
de celle du spectateur, le faisait frissonner,
lui arrachait des larmes, lui communiquait sa

gaîté, lui faisait partager sa joie et goûter ses plaisirs; enfin ce comédien, vraiment célèbre, touchait le cœur, charmait l'esprit, et ne peut être comparé qu'à lui-même. *Fleury* réunit une tournure élégante à une figure expressive; il a une finesse exquise, une élégance noble, et il possède au suprême degré le ton et les manières des gens de qualité; son jeu est varié et délicat et toujours en harmonie avec le dialogue, et l'art est si bien d'accord avec la nature, chez cet acteur, que les traces pénibles de l'étude disparaissent sous le charme ravissant de la vérité. Voilà les comédiens fameux auxquels *Armand* doit succéder!!!!.....

Je ne parlerai point des acteurs qui ont rempli ou qui remplissent les autres emplois tant dans la tragédie que dans la comédie, quoique la situation de la troupe du théâtre Français soit encore plus déplorable qu'à l'époque où je publiai la première édition des réflexions sur l'art théâtral; mais ce que j'en ai dit alors me paraît suffisant pour engager l'autorité à faire quelqu'attention aux moyens que je propose pour l'améliorer.

Je me bornerai à faire observer que dans l'etat actuel de la troupe, il ne peut plus y avoir au théâtre Français que l'ensemble de la médiocrité la

2 *

plus faible. La plupart des principaux emplois, premiers rôles, (en l'absence de Lafond) pères nobles, rois, tyrans, comiques, grandes livrées, (Monrose excepté) manteaux, hauts comiques, (après Fleury) sont tenus par des acteurs dont on n'eût pas voulu pour doubles dans les beaux jours de la comédie française. Quand mademoiselle Mars, Talma, Mlle Duchesnois, Mlle Volnais, Michot, Lafond, Mlle Levert, Baptiste cadet, Michelot, ne jouent pas, le théâtre de la rue de Richelieu n'offre plus qu'une troupe de province très-ordinaire, même si on la compare à celles qu'on a vu jadis, à Rouen, Marseille, Bordeaux, Lyon, etc. Et si ces nouveaux chefs d'emplois suivent l'exemple de leurs prédécesseurs et ne s'entourent que de comédiens d'un talent plus faible que le leur, c'en est fait de l'empire de Thalie et de Melpomène.

J'ai signalé dans le petit ouvrage, dont je donne une quatrième édition, les causes générales de la décadence de la scène française ; mais il en existe de particulières que l'on peut hardiment appeler des vices, dont les auteurs peuvent être contenus et réprimés ; et qu'il est urgent d'attaquer sans ménagement, pour ôter à la médiocrité les moyens d'étouffer la voix de la raison et du bon goût, et rendre au public l'indépendance de laquelle il doit jouir pour la prospérité du théâtre dans les jugemens qu'il porte, et sur les acteurs et sur les ouvrages dramatiques.

On distinguait jadis, dans le parterre de la comédie française, un grand nombre d'habitués dont l'âge, le rang, l'expérience et les lumières commandaient la confiance ; et des jeunes gens, bien élevés, qui, au lieu de prononcer d'une manière tranchante et absolue, tant sur les comédiens que sur les pièces qu'ils représentent, écoutaient les judicieuses observations de ces hommes sages qui, pour la plupart, étaient des littérateurs recommandables : ces jeunes gens n'allaient au spectacle que pour acquérir les connaissances que l'usage seul peut donner.

Les décisions qui émanaient d'un parterre ainsi composé, étaient respectées ; l'auteur, justement tombé, n'avait pas l'audacieuse ressource de remplir la salle d'une armée de claqueurs stipendiés, pour imposer silence et repousser les sifflets vengeurs de la raison, de l'esprit du goût, pour obliger les amateurs paisibles à déserter le spectacle, et pour sacrifier, par un orgueil obstiné et ridicule, et les plaisirs du public et les lettres qu'il dégrade.

L'acteur, apprécié sans passion, ne bravait

point les arrêts de ce parterre. Si son talent n'était pas formé, et qu'il eût, par sa faiblesse déparé l'ensemble supérieur que l'on exigeait sur le premier théâtre de la capitale, il était invité à aller dans la province pour s'y exercer; et si le comédien qui tenait un premier emploi s'oubliait, soit dans ses rôles, soit dans sa conduite envers le public, les sifflets le punissaient aussitôt de sa négligence, ou le rappelaient soudain à son devoir.

La sévérité d'un parterre éclairé excite l'émulation de l'artiste; c'est à elle seule que l'on a dû le perfectionnement des grands talens dont la scène française s'honore; l'art théâtral a commencé à déchéoir quand le parterre, moins connaisseur, est devenu plus facile.

Maintenant, l'amateur, l'homme tranquille, les jeunes gens bien élevés, ont presque tous abandonné le parterre, et, le plus souvent, ses décisions ne sont que le résultat de la cabale : l'ouvrage le plus mauvais, mais soutenu par le corps des claqueurs, que je vais faire connaître, est toujours celui qui a le plus de vague.

C'est ce corps qui a usurpé les droits de ce public, à qui l'art théâtral avait de si grandes obligations, et qui dispose arbitrairement du

sort des commençans qui entrent dans la carrière du théâtre, de celui des comédiens qui,
après avoir joué long-temps en province, ont la
louable ambition de vouloir recueillir le fruit de
leurs travaux sur la scène française; et enfin des
applaudissemens que la médiocrité enlève, par
la protection qu'elle achète, au véritable mérite
qu'elle persécute.

Ce corps se divise en plusieurs compagnies,
qui ont des chefs connus, et qui prennent par
entreprise la réussite ou la chute d'une pièce de
théâtre ou d'un acteur.

Celles qui servent les grands spectacles forment
des bandes; et lorsqu'il y a diverses nouveautés,
ou plus d'un acteur à applaudir ou à faire
échouer, elles se prêtent un mutuel secours.

Chaque détachement a son commandant, qui
lui indique, par des signaux télégraphiques con-
venus et bien étudiés, les endroits que l'on veut
applaudir, d'autres où l'on doit faire éclater
des murmures, et enfin ceux qu'il faut siffler.

Les auteurs sont forcés, sous peine d'être
sifflés à double carillon, de composer avec ces
bandes redoutables..... Les applaudissemens
sont gradués d'après les sacrifices pécuniaires
qu'ils font, et les chefs s'engagent à faire *mousser*
l'ouvrage selon l'argent ou le nombre des billets

qu'ils reçoivent....... *Mousser!* sans doute le lecteur aura recours au dictionnaire pour connaître la signification de ce terme dans l'acception présente. Je crois devoir lui épargner cette corvée et lui apprendre que *mousser*, signifie, dans l'*argot* des claqueurs, faire réussir un drame ou un acteur ; et que lorsqu'il est précédé ou suivi de l'adverbe *extrêmement*, cela veut dire qu'il faut que la pièce ou le protégé *aillent aux nues* en dépit du public, et qu'ils triomphent de tous les obstacles.

L'on me fit apercevoir, à la première représentation de la tragédie d'A.....r, le chef d'une de ces compagnies, le fameux B.....·, que l'on me dit être très-adroit ; et l'on m'assura même que par sa brillante manière de *travailler* (c'est encore une expression de l'*argot* des claqueurs), il avait soutenu Br.....t pendant trente représentations. J'avoue qu'il fallait avoir de l'expérience, des satellites bien déterminés, et une tactique très-savante, pour un pareil acte de vigueur (1).

---

(1) Si le tapage, les sottises, et quelquefois les voies de fait des claqueurs déterminent beaucoup d'amateurs paisibles à ne plus prendre leur place au parterre, je crois devoir faire observer à l'administration du théâtre français, que la malpropreté des bancs suffirait pour en éloi-

Les spectacles des boulevards ont des bandes du second ordre, et c'est là où les sujets se forment avant d'entrer dans les brigades d'élites destinées aux premiers théâtres.

Mais leur marche est différente. L'exercice de ces bandes se fait ordinairement aux répétitions des mélodrames ou des ballets que l'on veut faire réussir.

Croirait-on que les chefs des claqueurs se permettent de demander aux acteurs des petits spectacles, le billet que l'administration accorde à chacun d'eux ; et que celui qui a la fermeté de le leur refuser est menacé de ressentir le poids de leur colère, et qu'il l'éprouve en effet toutes les fois qu'il paraît sur la scène, soit par des murmures, par des chut ! et des *paix-là!* lorsque des applaudissemens se font entendre en faveur de l'artiste qui sent sa dignité, et qui s'obstine à ne pas pactiser avec cette milice du vandalisme?

La même manœuvre a lieu envers l'homme de lettres qui a une pièce à faire représenter, et

gner l'homme décemment mis, et que cette négligence ou cette lésinerie de sa part, prive un grand nombre de jeunes gens d'aller à la comédie française autant de fois qu'ils le désireraient.

envers le comédien qui se hasarde à débuter sur l'un des théâtres de la capitale.

Ces abus révoltans dégoûtent l'auteur qui ne veut devoir ses succès qu'au mérite de son ouvrage ; découragent l'acteur doué d'un véritable talent , et qui n'attend la récompense du fruit de son travail que des applaudissemens des connaisseurs ; font abandonner le spectacle aux zélateurs tranquilles de la bonne comédie , corrompent le goût, accélèrent la décadence de l'art théâtral et de l'art dramatique , et completteront bientôt la ruine du premier si l'on n'y remédie.

RÉFLEXIONS

SUR L'ART THÉATRAL,

Sur les causes de sa décadence, et sur les moyens à employer pour ramener la Scène Française à son ancienne splendeur.

L'INFLUENCE de la comédie sur les mœurs et sur le goût d'une grande nation , est d'une trop haute importance pour qu'elle ne fixe point l'attention de son gouvernement , et qu'elle n'excite pas l'émulation et des amis des arts, qui la font prospérer et considérer ; et de tous ceux qui prennent intérêt à son bonheur et à sa gloire.

Le théâtre prit naissance et se perfectionna chez le peuple qui s'est le plus distingué par sa civilisation , son courage, sa législation et son amour pour la vraie gloire. Les Grecs furent moins conquérans que les Romains ; mais ils furent plus grands quand ils défendirent leur patrie, plus sages dans leur politique, et plus profonds dans les arts qu'ils créèrent, et dont les Romains n'ont été souvent que les faibles imitateurs : les Romains furent les dévastateurs du monde ; les Grecs en ont été les législateurs.

Les Athéniens considéraient l'art théâtral ; ils honoraient les comédiens ; plusieurs acteurs occupèrent des emplois importans , et il y en eut même qui furent nommés ambassadeurs. A Rome, l'état de comédien était méprisé ; et Cicéron , dans son plaidoyer en faveur du célèbre Roscius, plaint un si honnête homme d'exercer un métier si peu honorable..... D'où vient cette différence ? C'est que dans Athènes le théâtre était regardé comme une école publique ; qui devait être utile au gouvernement et aux mœurs ; que les acteurs étaient des citoyens instruits qui offraient aux spectateurs les belles actions des hommes qui avaient illustré leur pays ; et que, dans Rome le théâtre était consacré à amuser le peuple, à le distraire des affaires publiques, et un moyen dont les ambitieux se servaient pour le séduire. Les acteurs n'étaient donc que des êtres avilis, regardés par les Romains comme les suppléans des gladiateurs; et ce qui le prouve c'est qu'on les traitait comme les esclaves quand ils mécontentaient le public.

Il est vrai que la comédie n'offrit d'abord, dans

Athènes, que des satires en action, et que l'on
nommait les personnage que l'auteur voulait li-
vrer à la risée du public ; c'était même un moyen
pour attirer la haine générale sur ces mêmes personnages. Les magistrats défendirent cette licence ; alors les auteurs y suppléèrent par des
masques qui rendaient les traits de ceux que l'on
voulait représenter, et par des vêtemens sembla-
bles à ceux qu'ils avaient habitude de porter : les
spectateurs mettaient de l'amour-propre à deviner
celui qu'on voulait traduire devant eux ; c'est
de cette manière qu'Aristophane présenta le sage
Socrate sur la scène grecque dans la comédie
des Nuées : Socrate assista debout à la représentation de cette pièce, sans donner aucun signe
d'improbation, et sans que le calme de son visage
en fût altéré.

Les Athéniens réprimèrent enfin l'audace des
auteurs ; ils devinrent si sévères à cet égard,
sur-tout pour les traits qu'on lançait contre les
organes des lois, qu'Anaximandrite fut condamné
à mort, pour avoir parodié un vers d'Euripide,
dont voici le sens :

» La nature l'a voulu ; elle ne se soucie point
de la loi. » Anaximandrite substitua le mot magistrat à celui de nature, et dit : le magistrat l'a
voulu ; il ne se soucie point de la loi. Cette ri-

gueur fut une preuve du respect que les Grecs avaient pour leur gouvernement.

La comédie prit à cette époque sa troisième forme ; il y eut alors intention dans l'action, régularité dans le plan, et une pièce dramatique fut soumise à des règles fixes.

Les auteurs romains empruntèrent toute la licence du théâtre grec, sans en prendre toutes les beautés. Plaute et Térence furent les imitateurs d'Aristophane et de Ménandre ; mais aucun auteur tragique latin n'approcha de Sophocle ; car il y a bien loin du sublime de la tragédie grecque aux déclamations de Sénèque.

Quoique César fasse un cas distingué des talens de Térence, il rend justice à la supériorité du théâtre grec, et particulièrement à Ménandre, Voici ce qu'il adresse à Térence :

Tu quoque, tu in summis ô dimidiate Menander,
Poneris et merito, etc.

On voit qu'en classant Térence parmi les écrivains qui illustrèrent la scène romaine, César s'écrie : et toi, demi-Ménandre ! etc. N'est-ce pas faire le plus brillant éloge de l'auteur grec !

Auguste bannit de Rome et de toute l'Italie, le comédien Pilade qui avait fait remarquer, en le montrant du doigt, un citoyen qui sifflait.

Après son règne, l'avilissement fut à son comble dans cette cité célèbre ; des magistrats après avoir assisté à des spectacles de la dernière indécence, tels que la pantomime de Pasiphaée, dont l'affreux Nèron se disait l'auteur, se dégradaient en allant accompagner les comédiens jusqu'à leur maison. Cette bassesse, cet oubli de toute dignité étaient le résultat de la lâcheté que les grands mettaient dans leur flatterie pour cet exécrable souverain, qui faisait ses camarades et ses favoris des plus abjects histrions.

Quand la Grèce subjuguée perdit sa splendeur et ses beaux arts; quand Rome redevint barbare sous les monstres qui s'intitulaient souverains, l'art dramatique et l'art théâtral furent entraînés par le torrent qui inonda l'Europe et la couvrit des ténèbres de l'ignorance : ce ne fut que plusieurs siècles après qu'ils reprirent une forme régulière en France, sous le règne de Louis XIII, par les soins et la protection que leur accorda le cardinal de Richelieu.

La comédie française, que l'on doit regarder comme le sanctuaire de Thalie, ne date que de l'année 1680. Cette année-là, Louis XIV réunit en une seule troupe les deux théâtres qui existaient à Paris, et ordonna par une lettre de cachet, au lieutenant-général de la police de la

Reynie, de ne permettre l'établissement d'aucune autre troupe.

Paris fut donc le berceau de la comédie moderne, comme Athènes avait été celui de la comédie ancienne. Les compagnons de Molière
étaient des citoyens recommandables, apparte-
nant à des familles honnêtes et estimées. Les
mœurs et les usages de Paris ont bien plus de
rapport avec ceux d'Athènes qu'avec ceux de
Rome ; le caractère français se rapproche de celui
des Grecs, et cependant le comédien n'a jamais
été considéré en France ; la religion le frappait
d'anathême, et il n'était admis chez les grands
que comme un bouffon qui devait se croire honoré
de servir à leurs amusemens. Si, depuis quelques années, le préjugé réligieux paraît endormi,
l'usage maintient encore l'espèce d'humiliation
que l'on a attachée à cette profession ; et l'on
continue d'être injuste envers les comédiens,
parce que l'on ne porte pas assez d'attention à
l'utilité dont ils peuvent être, et que l'on néglige
les moyens de faire servir l'art théâtral au profit
des mœurs de la nation.

Le préjugé contre les acteurs prend sa source
dans l'inconduite de la plupart d'entre eux, et
particulièrement dans celle des actrices ; mais
combien l'homme qui au milieu de ces exemples

de perversité, et témoin de cette réunion de vices conserve des mœurs pures, tient une conduite estimable, et se distingue par les qualités du cœur et la décence de l'esprit, doit inspirer d'intérêt ! combien la considération des personnes honnêtes lui est due, et qu'on serait injuste de le repousser de la société des gens de bien !

L'amour propre excessif que la plupart des comédiens manifestent, l'importance qu'ils se donnent à eux-mêmes plutôt qu'à leur art, peuvent être encore des causes de ce préjugé, ou du moins elles ont servi à le maintenir : il était aussi ridicule d'entendre Michel Baron dire, avec emphase, que l'on voyait un César tous les siècles, et qu'il fallait 2000 ans pour faire un Baron, que de voir un gentilhomme, valet-de-chambre de Louis XIV, se refuser à faire le lit du monarque avec Molière, parce qu'il était comédien.

Les Anglais, qui sont à la France, (quant à l'art théâtral) ce que les Romains étaient aux Athéniens, dont les usages, les mœurs et les spectacles, ont plus de ressemblance avec ceux de Rome, qu'avec ceux d'Athènes, considèrent leurs acteurs, distinguent et se font gloire d'estimer ceux qui sont irréprochables et qui ont des talens. Si l'on osait hasarder une conjecture qui ne serait pas à notre avantage, l'on pourrait

3

indiquer l'explication de cette contradiction entre leur conduite et la nôtre, envers les comédiens, dans l'amour que les Anglais portent à leur patrie; amour qu'ils ont en vue, comme les Grecs, dans le perfectionnement des arts, dans les progrès des sciences, dans le commerce comme dans les armées; tandis que le Français n'est vraiement citoyen qu'au champ de Mars, et que nos artistes n'ont souvent d'autre mobile que leur orgueil, comme nos négocians d'autre divinité que Plutus. Les Romains n'eurent ce patriotisme sacré que pendant le temps de la république, ils le perdirent à mesure qu'ils devinrent riches et corrompus.

Quel siècle étonnant, que celui de Louis XIV, quelle réunion de grands hommes dans tous les genres ! tout fut favorable au génie; les querelles de Port-Royal avec les Jésuites, les disputes de Perrault avec Boileau et les partisans des anciens, la censure intéressée de l'éloquent Bossuet contre l'illustre Fénélon, enfin toutes les petites factions qui n'avaient d'autres armes que la plume pour se battre, tournèrent au profit des arts. La médiocrité, il est vrai, inondait et la cour et la ville de ses écrits monotones; mais au milieu de cette profusion littéraire s'élevèrent les productions profondes et sublimes de la sagesse et de la raison ; et si les écrivains célèbres de ce siècle mémorable , travaillèrent plus pour la gloire de la nation que pour son bonheur , il la portèrent à son dernier période. .

Corneille et Molière posèrent les limites de l'art dramatique , et ces deux grands poëtes , ces deux profonds philosophes , nous donnèrent la supériorité sur la comédie des Anciens.

La fin du règne de Louis-le-Grand ternit la gloire du souverain , sans rembrunir celle de la nation ; un prêtre vindicatif et une femme ambitieuse abusèrent ce monarque , en lui faisant partager leur haine et leur vengeance.

L'art dramatique ne fit plus que décliner , mais l'art théâtral s'était maintenu et même perfectionné depuis lors.

Un prince doué de grands talens , de qualités brillantes , ami et protecteur des sciences et des arts qu'il cultivait avec succès , mais trop avide de nouveautés , trop facile à croire ceux qui flattaient , par des plans plus séduisans que solides , son désir de changer les institutions faites par Louis XIV , ce prince dis-je adopta inconsidérément un système de finance conçu par un étranger , plus jaloux d'acquérir la réputation d'un homme extraordinaire , que de relever le crédit et la fortune de l'état. Les suites de ce désastreux système produisirent un bouleversement total dans les fortunes , changèrent les idées et les usages de la nation , et portèrent le coup le plus funeste à sa moralité. Philippe d'Orléans régent pendant la minorité de Louis XV, fut donc malgré ses lumières et sa politique , la dupe d'un intriguant subalterne , qui acheva de ruiner le trésor public et les familles les plus considérées , sans s'enrichir lui-même ; les esprits se tournèrent vers la cupidité ; l'émulation pour les sciences fut paralysée ; les emplois et les honneurs furent accordés aux richesses ; la décence et la probité devinrent des ridicules , et il y eut une égalité de vices qui rapprocha tous les états et confondit tous les rangs.

La corruption du goût et des mœurs se fit encore plus sentir sous les règnes suivans. Le théâtre français fut presque abandonné ; et Nicolet était obligé de donner deux représentations par jour sur son théâtre des boulevards, où Jeannot-Volange , digne prédécesseur de Joerisse-Brunet, amusait ses illustres auditeurs : ce théâtre fut bientôt le rendez-vous des jeunes gens égarés par des exemples pervers , et attirés par les femmes prostituées qui composaient la société ordinaire des méprisables successeurs de ces français polis , qui donnèrent jadis le ton de la décence et de la vraie noblesse à toutes les Cours de l'Europe.

Au milieu de cette dépravation effrayante, l'art dramatique rétrogradait d'une manière très-sensible. Le langage spirituel, mais trop recherché de Marivaux, fut substitué au dialogue naturel, et devint un modèle séduisant et funeste pour les auteurs qui l'on suivi. On l'imitait avec de l'esprit ; mais le génie seul peut approcher de la sublime vérité du langage de Molière ; et pour saisir cette vérité , il faut une étude constante et profonde de la société ; étude trop difficile et trop gênante pour les jeunes et présomptueux auteurs , qui se croient de grands hommes dès leur entrée dans le monde.

L'art théâtral s'était soutenu malgré ce désordre ; et il était même dans sa splendeur ; Préville, Lekain , Brizard , Molé , Dessesart, Bellecourt , Larive , Dugazon , Dazincourt , Naudet , Fleuri , Talma , Monvel ; mesdames Dumesnil , Clairon , Joly , Sainval , Contat, Devienne , étaient incontestablement supérieurs à Baron , qu'on nomme encore le *Roscius français*, à Sarrazin , Lanoue , Poisson , et à mesdames Champmeslé , Gaussin , Lecouvreur, Dangeville etc. , et formaient une réunion , un ensemble de talens qu'il faut avoir vu pour juger sainement l'art théâtral.

Depuis l'époque de la révolution française (1789), l'art théâtral a déchu, et il a suivi la décadence de l'art dramatique.

C'est à cette époque, que pour la première fois en France, le bourgeois, le marchand et l'artisan prirent part aux affaires publiques; et cette classe, qui jadis était presque étrangère au spectacle, devint la seule qui eût la faculté d'y aller ; elle s'y porta avec ardeur et en prit l'habitude.

Cette afluence de spectateurs fit ouvrir des petits théâtres, qui s'adonnèrent au genre qui devait plaire à des gens dont il fallait émouvoir les sens et non intéresser l'esprit : les sentences de Voltaire même ne furent plus assez fortes pour exciter une multitude qui acteur, et témoin de scènes extraordinaires, trouvait mesquin et mauvais tout ce qui ne portait pas leur caractère.

La comédie est le genre qui a le plus souffert, parcequ'il est le plus naturel, et qu'il faut beaucoup de finesse dans l'esprit, et connaître parfaitement le monde pour y réussir, tandis qu'avec de l'imagination l'on peut faire une tragédie : l'on conviendra que la tragédie s'est soutenue

dans une médiocrité honorable , et que la comédie est dans le plus grand dépérissement.

Les faiseurs de pièces de théâtre ne travaillent
pas toujours pour la gloire ; et, pour complaire
au nouveau public, des hommes, qui peut-être
eussent été des auteurs distingués , s'adonnèrent
à un genre monstrueux , destructeur de tout
talent. Les invraisemblances , les cavernes , les
fantômes les chaînes , les voleurs, enfin toutes
les ridicules horreurs des romanciers anglais ,
furent mises à contribution , et valurent à ces
auteurs , sinon de l'honnenr , du moins beaucoup d'argent. Le mélodrame a porté peut-être
un coup mortel à la bonne comédie et à l'art
théâtral.

L'on a supprimé les petits spectacles pour
arrêter ce désordre ; mais le résultat de cette
mesure est contraire à l'amélioration que l'on
s'était proposée , et agrave le mal au lieu d'y
remédier.

Les directeurs de comédie qui n'ont plus de
concurrens à redouter dans les départemens ,
composent des troupes misérables , dénuées de
talens , et ne font représenter que des mélodrames et des fadaises des Variétés. Ils excluent
de leur répertoire la comédie et la tragédie ,
par deux motifs bien puissans , et les voici :

le public , accoutumé à des spectacles extraordinaires , ne se porterait point en foule aux
chefs-d'œuvres du théâtre français , et l'avide
lésinerie des directeurs leur défend de payer
des acteurs capables de les jouer. Ainsi l'art se
perd et le goût se corrompt.

L'art, parce que la comédie et la tragédie ne
se jouant qu'à Paris , et les théâtres des départemens étant abandonnés aux mélodrames , et
aux niaiseries à la Brunet , il est impossible que ,
comme par le passé , des élèves s'y forment ; et
avec le petit nombre des artistes distingués qui
soutiennent encore la scène française , s'étein-
dront l'ancienne tradition des rôles qui composent le fonds de son répertoire , et les modèles
sur lesquels pourraient se former de nouveaux
acteurs.

Le goût, parce que le bourgeois , le marchand , et tous ceux qui n'ont pas assez de fa-
cultés pécuniaires pour aller au Théâtre français ,
conduisent leur famille aux théâtres des boulevards , où le mélodrame corrompt le goût de
ceux qui le voient représenter habituellement ,
et ferme les portes du temple de Thalie aux
acteurs qui , pour plaire à la multitude , con-
tractent une diction et une manière de jouer
tout-à-fait extraordinaires , et étrangères à la

simplicité et au naturel qui caractérisent la bonne
comédie.

Si on laissait empirer le mal, et que l'on accou-
tumât la nation aux invraisemblances du théâtre
espagnol et à la barbarie du théâtre anglais, elle
n'aurait bientôt aucune idée juste de la saine
comédie, et l'on verrait, même à Paris, se re-
nouveler, envers l'acteur qui se préserverait
de la contagion du mauvais goût, le reproche
flatteur que jadis les Bordelais adressèrent à
l'inimitable Préville, en désertant le spectacle, parce que, disaient-ils, il jouait comme
s'il était dans sa chambre.

N'avons-nous pas vu siffler Georges-Dandin ?
Siffler Molière ! Quelle preuve plus frappante
peut-on donner de la corruption du goût ? Le
Grondeur, pièce d'un naturel exquis, d'un
comique vrai, qui est remplie d'esprit, ce chef-
d'œuvre de l'abbé Brueys, que Molière ne désa-
vouerait certainement pas, n'a-t-il pas été aussi
frappé d'anathème par les mêmes juges ?

Les sifflets de l'hôtel de Bouillon contre la
Phèdre de Racine étaient dirigé par la haine, et
madame de Sévigné et ses complices, dans cette
cabale, savaient très-bien que cette tragédie était
un chef-d'œuvre, et que la Phèdre de Pradon
était une pièce médiocre (je dis médiocre, parce

que chaque jour nous en voyons de moins sup-
portables), qui ne pouvait entrer en comparaison
avec celle de l'illustre auteur d'Athalie ; mais
c'est l'ignorance la plus humiliante qui a pré-
sidé aux décisions de ce parterre qui, après avoir
improuvé et Molière et Brueys, a été applaudir
avec transport la Queue de Lapin et M. Giraffe.

Le théâtre français ne doit ni ne peut faire beaucoup d'élèves ; et par la composition de leur troupe
les autres théâtres n'en peuvent former aucun
pour la tragédie ; et, n'en déplaise à MM. les
professeurs de l'art théâtral, l'on n'apprend pas
à jouer la comédie dans sa chambre. Tout ce qui
concerne l'adresse et l'intelligence peut être en-
seigné ; mais on ne peut indiquer ce qui est du
ressort de l'ame : l'on apprend à danser, à chan-
ter, mais non à avoir de la sensibilité, ou de la
chaleur en terme de coulisse ; qualité indispensable pour un acteur, et sans laquelle la comédie
n'est qu'un métier.

Les professeurs de déclamation mettront bientôt la tragédie en musique, ou la noteront comme
le plain-chant : je leur indiquerai même une autorité qui pourrait bien leur faire adopter cet usage ;
j'ai vu jadis, entre les mains de madame La-
vigne, aujourd'hui (à ce que je crois), madame Molé, attachée jadis au théâtre de l'Odéon ;

le rôle d'Emilie de la tragédie de Cinna, noté vers par vers, de la main du célébre Lekain. Il est cependant à présumer que Lekain n'avait fait ce travail, assez singulier, que pour quelqu'un dont il avait jugé les moyens physiques et l'ame, ou plutôt pour sa propre satisfaction, car il ne fit jamais d'élèves. Voici ce que dit Dazincourt, dans sa Notice sur Préville, relativement à cet acteur : « Lekain, son admirateur et son ami » (de Préville), ne se plaisait pas également à » communiquer ses réflexions sur l'art de repré- » senter la tragédie ; peu d'acteurs ont reçu de » lui des avis, qui sans doute eussent été pré- » cieux. » L'assertion de cet artiste vient à l'appui de ma conjecture.

S'il n'est au pouvoir de personne de soutenir, par de nouveaux chef-d'œuvres, la supériorité brillante que donnèrent à la scène française les pièces immortelles de Corneille, Molière, Ré- gnard, Racine, Crébillon, Voltaire, Piron, etc. il est des moyens de prévenir la chute entière de l'art théâtral, et de lui rendre sa splendeur. Il faut pour cela, que des hommes qui l'ont étudié tra- vaillent à sa régénération, qu'ils aient pour but, non une spéculation sordide, mais l'amour de l'art, et que le gouvernement les protège.

Il serait facile de démontrer que les écoles de

déclamation ne sont propres qu'à exercer la mé-
moire des élèves, et à leur faire contracter des
habitudes vicieuses, soit dans les attitudes, soit
dans la diction ou dans les gestes ; le théâtre est
la seule école où l'on puisse former des élèves , et
le public le seul juge qui puisse les corriger effica-
cement : je proposerai donc des écoles publiques et
en action, si je puis m'exprimer ainsi ; car, comme
le dit l'épigraphe de cet aperçu : « L'école du
» public qui paye est toujours meilleure que celle
» où les maîtres sont payés, et où les spectateurs
» ne paient rien. »

Je voudrais que l'on établît en France quatre
de ces théâtres ; le premier à Paris, et les autres à
Marseille , Lyon , et Bordeaux, villes où jadis
on jouait la bonne comédie , et qui ont donné
des acteurs célèbres au théâtre français.
Les salles du théâtre de Louvois à Paris , du
théâtre Français à Bordeaux , des Célestins à
Lyon , et du théâtre Français à Marseille , sont
situées et construites de la manière la plus
avantageuse pour des jeunes comédiens. Je
pense que la dénomination d'élèves de *Thalie*
serait celle qui conviendrait le mieux à ces artistes. L'on ne serait admis à ces écoles que par
ordre du ministre de l'intérieur , et il faudrait
avoir au moins quinze ans , et au plus vingt-

cinq , pour entreprendre la carrière pénible et
laborieuse du théâtre. Les élèves auraient des
appointemens : les moindres de 1000 fr. , et les
plus forts de 2000 fr. , et tous les costumes seraient fournis par l'administration.

Deux professeurs, dont les talens et l'instruction auraient été reconnus, seraient attachés
à chaque théâtre ; mais ils ne joueraient point
la comédie , parce qu'il pourrait fort bien arriver que l'élève , étant plus jeune , et ayant
des moyens plus forts et plus flexibles que ceux
du professeur, exécutât beaucoup mieux ce qui
lui aurait été démontré que le professeur lui-
même , et qu'il reçût plus d'applaudissemens ,
ce qui exciterait son amour-propre et nuirait à
ses progrès , en altérant la considération et la
confiance qu'il doit avoir pour ses maîtres.

On représenterait sur ces théâtres les pièces
du répertoire de la comédie française, mais
particulièrement les anciennes , que l'on ne
voit plus.

Les auteurs y trouveraient la ressource de
faire jouer leurs ouvrages, qui pour cela ne
seraient point exclus de la scène française ,
et le public pourrait par la médiocrité du prix
des places, voir la bonne comédie, et rectifier

son goût abâtardi par les spectacles monstrueux
où il est obligé d'aller.

Le théâtre de Paris serait regardé comme
une succursale de la comédie française , et
ceux des départemens comme autant de suc-
cursales de celle de Paris; les élèves changeraient
d'école si les professeurs le croyaient utile ,
et après avoir fini leur engagement , qui serait
au moins de trois années , ils pourraient être
admis à la succursale de Paris , ou bien s'engager
dans d'autres troupes , soit dans les départemens,
soit chez l'étranger.

La comédie française désignerait six mois à
l'avance , le sujet qu'elle jugerait assez instruit
pour être admis aux débuts sur son théâtre.
Ce délai de six mois serait nécessaire pour
ne pas déranger subitement le répertoire des
élèves ; mais les professeurs qui auraient la
direction de leur troupe ne pourraient, sous
aucun prétexte, se refuser à la demande des
comédiens français.

Un second théâtre où l'on jouerait la comédie
est indispensable à Paris, pour que le théâtre
français ne souffre jamais de l'absence des premiers emplois. Combien l'on a déjà vainement
cherché, dans l'espérance de remplacer Grand-
ménil et Caumont, Dugazon et Dazincourt !

Cette difficulté ne prouve-t-elle pas la nécessité de former des acteurs, et de les former particulièrement à Paris ? Qui a préservé la comédie française de sa chute entière ? c'est l'émulation que se donnèrent deux théâtres rivaux pendant les premières années de la révolution.

Il y aurait un commissaire du gouvernement à chacun des quatre théâtres, à qui les demandes seraient adressées et qui les transmettrait aux professeurs, qui exécuteraient ses ordres pour tout ce qui ne serait pas de police locale.

Le commissaire du gouvernement nommerait les employés aux recettes et autres, traiterait avec les fournisseurs, serait enfin chargé de toutes les dépenses, recevrait les recettes, et paierait le tableau des appointemens des élèves et des autres employés, qui lui serait remis chaque quinzaine par les professeurs, et ces derniers en feraient la distribution.

Les professeurs veilleraient à la conduite des élèves; mais ils ne pourraient prononcer aucune peine de discipline sans le consentement du commissaire du gouvernement , excepté les amendes pour défaut d'exactitude aux répétitions.

Le produit des recettes serait plus que suffisant pour faire rentrer les avances que le gouvernement serait dans le cas de faire pour établir ces écoles Scéniques ; et avec de l'ordre et de l'économie , sans lésinerie , il en résulterait encore un bénéfice assez considérable.

Je ne fais qu'indiquer les bases de cet établissement, dont la police serait déterminée par des réglemens particuliers, ainsi que le nombre des élèves , les appointemens et les attributions, soit du commissaire du gouvernement, soit des professeurs.

Ces théâtres seraient des sources abondantes de sujets pour la France et pour l'étranger, et donneraient aux zélateurs de la scène française , l'espérance fondée de voir naître et développer des talens qui lui rendraient sa supériorité et son éclat.

COMITÉ DE LECTURE,

Faisant suite aux réflexions précédentes.

Un homme de lettres connu par divers ouvrages dramatiques que l'on joue avec succès, soumit, il y a peu de temps, une pièce de théâtre à l'un des juges qui composent le comité de lecture de la comédie française. Quelques jours après, l'auteur rencontre cette lumière du tribunal redoutable, et il s'établit entre eux le colloque suivant : Avez-vous lu ma comédie ? —Oui , Monsieur , et j'en suis très-content. —Je puis donc espérer que vous me continuerez vos bons offices pour la faire recevoir ? —Non, Monsieur, elle est trop gaie. —Je croyais que la gaité était indispensable dans une comédie. —Sans doute ; mais non pas pour le théâtre français, l'on n'y rit plus que du bout des lèvres ; les ouvrages de

4

Dancourt en sont exclus, et quelques pièces de Molière même commencent à y vieillir. — Vous m'étonnez ! — C'est la vérité. — Je me rappelle que vous m'avez conseillé dernièrement de donner à un autre théâtre une comédie que vous trouvâtes trop triste. — C'était une espèce de drame ; et la grande tristesse comme la grosse gaîté ne conviennent plus.

Je garantis la fidélité de cette anecdote, d'après laquelle il est évident que l'on ne doit ni rire ni pleurer au théâtre français. Eh ! qu'y fait-on, demanderont sans doute ceux de mes lecteurs qui ne peuvent y aller ? Lorsque la gaîté et les vives sensations qui nous pénètrent jusqu'aux larmes sont bannies d'un spectacle, l'ennui s'en empare, et l'on y bâille.

J'ai cru cette petite introduction utile, pour faire apprécier la nécessité de soustraire les pièces de théâtre à l'influence des comités de lecture, et de les faire enfin juger par des littérateurs étrangers aux intrigues de coulisses, à l'envie qui règne trop souvent parmi les auteurs dramatiques, et qui soient autant estimés par leur sagesse, que distingués par leurs lumières.

Il me paraît inconvenant, et même nuisible aux progrès de l'art et aux intérêts des auteurs, de faire juger les pièces dramatiques par des hommes de lettres qui, suivant la même carrière, regardent le théâtre auquel ils destinent leurs productions, comme leur domaine, et qui par amour-propre, par jalousie ou par cupidité, peuvent employer leur influence, dans le comité de lecture dont ils font partie, à faire rejetter les ouvrages qui nuiraient au succès des leurs, et qui compromettraient leur réputation litté-raire.

La partialité qui règne dans les comités de lecture, et bien souvent dans l'aréopage de la comédie française, n'en déplaise à Messieurs les artistes qui le composent, est le résultat des protections de l'opulente ignorance en faveur de la bassesse qui l'encense, de l'envie de la médiocrité contre les hommes de génie, et de l'amour-propre des comédiens, qui presque toujours sacrifient les plaisirs du public et les intérêts de l'art au rôle qui les flatte et qui leur fait espérer des applaudissemens. Combien d'excellens ouvrages rejetés, parce qu'il n'y avait pas de rôle transcendant pour tel ou tel emploi, et combien de pièces admises à la faveur d'un premier rôle à grand fracas.

Il faudrait, autant que la chose serait possi-ble, remédier à ces inconvéniens, soit en or-ganisant différemment les comités de lecture, soit par une autre institution qui donnerait moins de prise à l'arbitraire des passions.

M. Marin, censeur royal, littérateur recommandable, qui réunissait à des talens distingués une probité sans tache, homme doux, aimable et estimé, écrivait en 1765, ce qui suit :

« Les auteurs devraient faire imprimer leurs » ouvrages avant de les montrer au théâtre; » le public rentrerait dans ses droits, et in- » diquerait lui-même les pièces qu'il jugerait » dignes de la représentation ; et quand même » elles tomberaient, l'auteur qui aurait eu la » modestie de les soumettre à l'examen de la » multitude, serait à couvert des reproches » sanglans dont on l'accable quelquefois, et de » l'humiliation que des spectateurs ennuyés ont » le malin plaisir de lui faire essuyer. »

Ce moyen, qui n'est qu'indiqué, me paraît impraticable; mais je pense que l'on pourrait former une espèce de jury littéraire qui serait chargé de l'examen, de l'admission ou du rejet des pièces de théâtre.

Développons mon idée. Je désirerais que ce jury dramatique fût composé de vingt-un membres, choisis parmi des hommes de lettres d'un talent reconnu, ayant les lumières nécessaires pour apprécier les vices et les qualités d'une pièce de théâtre, et juger de l'effet qu'elle doit produire à la représentation.

Les artistes ne pourraient en être membres pendant le temps qu'ils exerceraient leur art ; mais ceux des trois premiers théâtres de Paris y seraient admis de droit, dès l'instant qu'ils obtiendraient leur retraite, et ils auraient, outre leur pension, la moitié du traitement qui serait accordé aux littérateurs qui composeraient le jury dramatique.

Le ministre de l'intérieur assignerait un local convenable aux assemblées du jury, qui se réunirait tous les jours, et il en nommerait le président et le secrétaire.

L'auteur qui voudrait faire représenter un ouvrage dramatique, adresserait son manuscrit au secrétaire du jury, qui l'inscrirait sur un registre, et en donnerait un reçu. L'on annoncerait, à l'ouverture de chaque séance, les titres et la forme des pièces inscrites, et l'on renverrait de suite cet ouvrage à une commission composée de trois membres, qui serait chargée de l'examiner et d'en faire un rapport dans le délai d'un mois au moins, et de trois mois au plus. Il y aurait trois commissions ; la première pour les pièces destinées à l'académie royale de musique et à l'opéra-comique ; la seconde pour celles que l'on croirait dignes de la comédie française; et la troisième pour tous les ouvrages que l'on voudrait faire jouer sur les autres théâtres de la capitale.

Le rapporteur serait obligé d'analyser l'ouvrage que la commission aurait examiné, et de développer les idées sur lesquelles elle baserait son opinion, soit pour l'admission, soit pour le rejet. Il serait tenu, avant de présenter son travail au jury, de transmettre à l'auteur les changemens que la commission aurait jugé à propos d'indiquer; et le temps que l'auteur mettrait à les faire ne serait point compris dans les délais.

Si le jury n'était point satisfait du jugement de sa commission, il renverrait l'ouvrage à l'examen d'une autre commission composée de cinq membres et nommée au scrutin, qui serait tenue de présenter son rapport dans le délai de quinze jours, et il prononcerait, d'après ce nouveau travail, l'admission ou le rejet de la pièce, sans être obligé de se conformer aux conclusions du second rapporteur.

La lecture admise, l'on assignerait le jour où l'auteur viendrait lire lui-même son ouvrage, s'il le jugeait convenable; et s'il préférait qu'il fût lu par le rapporteur, il aurait la faculté d'assister à cette séance qui serait publique, et de siéger parmi les membres du jury.

Il faudrait que le jury fût composé de onze membres au moins, pour prononcer sur le sort d'une pièce.

Les membres qui auraient entendus la lecture d'un ouvrage quelconque, se réuniraient aussitôt en comité secret, et prononceraient sur son admission au théâtre ou sur son exclusion, sans désemparer. Chacun d'eux aurait la faculté de motiver les raisons qui détermineraient son opinion, dans le procès-verbal qui serait inscrit sur le registre des séances du jury. La pièce admise serait adressée, dans les vingt-quatre heures, au théâtre qui devrait la représenter.

Tous les théâtres seraient obligés d'avoir un registre paraphé par le président du jury dramatique, sur lequel les pièces reçues seraient inscrites par ordre de date, à compter du jour de leur admission, et les comédiens se conformeraient à l'ordre de ce registre, sans pouvoir, sous aucun prétexte, devancer le tour de chaque pièce.

Ainsi les productions dramatiques seraient jugées sainement, et ne seraient plus soumises à l'arbitraire de censeurs intéressés ; l'homme de lettres ne serait plus dans l'humiliante nécessité de faire des démarches contraires à la dignité qui doit le caractériser, et souvent de flatter le caprice d'une actrice qui exige des changemens nuisibles à l'ouvrage, mais qu'elle croit favorables à son genre de talent : les jeunes auteurs qui font le premier pas dans la carrière dramatique, recevraient des avis sages et salutaires, et les littérateurs distingués secouant le joug des dominateurs comiques qui usurpent le sceptre de Thalie, seraient rendus à leur indépendance.

Il n'y aurait de puni, si l'on adoptait ce projet, que l'être médiocre qui, dévoré de l'ambition de faire du bruit, remplace par l'intrigue et l'audace, l'esprit et le génie qui lui manquent, en profitant du dégoût qu'occasionnent aux poètes recommandables les difficultés qu'ils éprouvent pour faire représenter leurs ouvrages, et des besoins de l'homme de mérite qui préfère les privations à l'avilissement, pour les leur acheter à des conditions dictées par l'impudence, et acceptées par la nécessité ; et les censeurs importans qui seraient privés de la douce satisfaction d'exercer une influence désastreuse pour l'art dramatique, et se verraient forcés de se ranger au-dessous des Hardis, des Bois-Robert et des Boyer, rang qui leur est réservé, si leurs productions échappent à l'oubli qui les réclame

De l'Imprimerie de RENAUDIERE, rue des Prouvai

www.ingramcontent.com/pod-product-compliance
Lightning Source LLC
LaVergne TN
LVHW022146080426
835511LV00008B/1296